꽃이 필 때 안부를 묻는다

꽃이 필 때 안부를 묻는다

곽대근 제3시집

New Poems by Kwak Dea Kun

도서출판 천우

● 시인의 말

제2시집 이후 10년 만에 시집을 낸다
너무 오랜 시간 동안 방황하고
깊은 잠을 잔 것 같다
아쉽게 흘러간 시간은 모든 것을 변하게 하고
슬픔의 연속처럼 나를 그 길로 데려간 것 같다
늘 곁에서 함께 하시던 어머니는 긴 이랑의
들깨밭을 매신 후 점심보자기를 든 채
저문 들녘에서 집으로 향하셨고
그런 어머님마저 떠나셨다
이젠 산그림자와 꽃을 보면서
대화를 하고 있는 텅 빈 고향집이
슬픈 눈물을 흘리고 있다
그렇다 시간이 갈수록 차츰 변해가는 일상들
그 속에서 그리움을 찾고 시(詩)를 찾았다

떠나고 없는 것을 버리지 말자
나를 일으켜주고 오늘을 살아가는 삶의 씨앗을
마련하여 준 것이다
여기 모인 85편의 시는 슬픈 그리움의 시간들과
함께한 눈물을 모았다
그리운 사람들과 사계절 피는 꽃에게도
지지 않는 웃음을 보내고 싶다.

2022년 2월에
곽 대 근

제1부

패랭이꽃

제2부

무인역에 내리다

제3부

마장뜰 마을

제4부

손바닥에 담은 물도 샐 때가 있다

제5부

어머니의 농

제1부

패랭이꽃

가로등

누군가에게
빛을 주고
그리움을 주고
마음을 주며
앞으로 나아가게 한다
언젠가는 혼자서
가야 하는 삶
밤이 새도록
눈물을 흘려야만
아침이 온다.

손두부

겨울 국화 옆에서 어머니는
손두부를 만드는 것을 좋아했다
텃밭에서 수확한 콩을 갈아
까만 그리움이 가득한 가마솥에 넣고
마른 콩깍지에 불을 붙여
한 해의 서러움을 태우신다
타닥타닥 그 소리
겨울이 잠에서 깨어나고
동구 밖에 모여 있던
노란 국화 속에서
한 소절 고향 노래가 들린다.

애기똥풀

세상에는 사랑이 많지만
몰래주는 사랑이
오래가고
잘 지워지지 않는다

화려하게 왔다가
지나가는 사랑은
미련이 남지 않지만
옷소매에 몰래 왔다가
풀물을 남기고 떠나가는 사랑은
풀물이 지워질 때까지
미련이 남는다.

새의 죽음

새 한 마리가
봄 속을 날다가
길을 잃었는지
고향집 유리창에 부딪혀
죽고 말았다
봄이 무르익기 전에
화사한 꽃이 피기 전에
새의 생애는
꽃보다 먼저 처마 밑에 떨어져
봄의 아픔을 전해주고 갔다
우리는 이제까지
날고 떨어진 적도 있었지만
새 만큼 날지는 못했다
죽은 새를 땅 속에 묻기 전에
소나무 위에 얹어 놓았다.

패랭이꽃

산모퉁이
척박한 곳에
바람에 흔들리며
곱게도 피어있다

바람에 흔들리는
가녀린 꽃대는
어머님의 지난 삶의
눈물 같다

슬픔은 한 곳에
머물지 않는다 하지만
그리움은 왜 이토록
진한 연분홍 색깔이 되었을까

발걸음이 떨어지지 않아
나도 너처럼
눈물을 흘리고 있다.

감자떡

성한 감자는
농협에 가서 팔고
못나고 쓸모없는 감자는
독에 넣어 썩게 한다
몇 날이 지나면
껍질이 벗겨지고
더덕더덕 묻어 있는
삶의 찌꺼기도 벗겨본다

하얀 녹말을 만들기 위해
더 맑은 삶을 위해
씻고 씻는 노동의 하루
하얀 보자기에 널어 말린다

조금은 검어도
쫀득한 맛에 위안을 얻고
썩어서 더 빛이 나는
우리들의 가난했던 시절이여

빈 지게

아픔을 지고
슬픔을 지고
그리움을 지던
빈 지게가
고향집 처마 밑에
홀로 서 있네

등받이도 없고
끈마저 낡아
가을이 떠난
텅 빈 들녘을 걸어가는
아버지 어머니의
지난 삶을 한 짐 지며
집으로 돌아오는 것 같다

빈 채로 남아 있다는 것이
얼마나 슬프고
기다림이 묻어 있는가
지나가던 새도 아침엔
가끔씩 지게 위에 앉았다 간다.

저녁

저녁은 아침에 나갔던
가족이 식탁에 모여 앉아
서로 얼굴을 바라보는
짧은 만남이 있어 아름답다

저녁은 고향집 산수유나무에 앉아
재잘거리던 새들이
집으로 돌아가자
적막을 참으며
홀로 집을 지키는
어머니 얼굴이 생각나
눈물을 흘리는 시간이다

저녁은 고단했던 하루를 접고
멀리 떠나가는
기차 소리 같은
삶의 여운을
돌아보는 아늑한 시간이어서 좋다.

솔방울

사람도 어느 정도
나이가 들고 세상 물정을 알면
턱수염이 나는 것처럼
소나무도
외진 곳이든 척박한 곳이든
아무 곳에 자라도
둥근 나이테에 끈적한 송진이 묻고
바람소리를 들을 줄 알 때
솔방울이 달린다
자신을 표시할 줄 아는
솔방울은 외롭지 않다
옹기종기 살아가는
산골마을의 불빛같이
서로 의지하며
목숨이 끊어질 때까지
산 아래를 내려다보는
아늑함이 있다.

눈(雪)의 상처

눈은 내리면 녹기 마련인데
녹지 않으려고
안간 힘을 쓴다
그러다 보니 흙탕물과 삶의 찌꺼기가
눈(雪) 속에 들어가
내 마음의 눈(眼)처럼
이리저리 방향을 잡지 못하고
방황할 때가 있다
맑고 티 없이 살아가자던 당신
눈이 녹을 때
도로 가장자리에 함께 서서
이리저리 뒹굴며 흙탕물이 흥건히 밴
눈의 상처를 보자구나
얼마나 많은 사람들과 자동차가
우리의 마음을 밟고 지나가는지

매발톱꽃

매의 발톱이 그렇게
날카로운지 몰랐다
주실령 외딴마을에서
집으로 데려온 지 두 해
자신을 사랑하는 사람의
마음을 먹고 자란다
발톱이 날카로우면
몸가짐도 날카로울까
5월이 가는 길목에 서서
보라색 옷 한 벌을 입고
수줍은 듯 고향집
매실나무 옆에 피어 있네

각화사

마음에 맺힌 그을음을 털기 위해
각화사를 찾았다
오래된 고목나무 등을 타고
하늘을 오르고 싶어
한이 맺힌 거북
굳어버린 우리들 마음같이
나무 등에 얹혀 천년을 함께하고 있다

어느 스님이 그렇게 아름다운 꿈을 꾸었을까
깨어진 3층 석탑은 경전에 옮겨져 있고
기나긴 시간 탑돌이한 발자국이
그대와 나의 흔들렸던 시간 같다

시간은 흔들려도 그리움은 그 자리에 있었다
법당에 모셔진
아름다운 여인의 영정
극락은 따로 없고
편안하게 마음을 누일 수 있는 곳이
극락이라 했건만
향불 속에 타오르는 그리움이
서러워 보인다.

고향 사람들

팔순이 넘은 할머니들이
지팡이 대신 유모차를 끌고
자식을 기다리는 듯
지나가는 차를 바라보고 있다

계절이 바뀔 때마다
서러워 눈물이 난다는 할머니들
오늘도 뒤를 돌아보면서
먼 발자국을 회상하고 싶지만
앞에도 뒤에도 유모차를
밀어주는 사람이 없다

모든 것은 떠나기 위해
슬픈 마음의 준비를 하는 것일까
언젠가는 나도 돌아와
여기에 서서
누군가를 기다릴 것 같다.

외로워지면

외로워지면
들길을 혼자서 걷다가
옛 생각이 밀려오면
뒤를 돌아보는
고라니의 촉촉한 눈망울을
사랑하고 싶다

외로워지면
떨어진 감잎을 모아
감나무 옆에 묻어주는
아름다운 농부의 마음씨를
사랑하고 싶다

외로워지면
외로움을 이겨내며
그 외로움에 묻혀
차츰 변해가는 나 자신을
사랑하고 싶다.

성두들* 마을에서

공민왕의 전설이 서려 있는
하늘 아래 첫 동네 성두들 마을
풍락산에서 내려온 초봄의 노랫소리가
하얀 그리움 남기고 떠난
빈집에 내려
아늑히 봄 속으로 들어가고 있었다

사랑하였기 때문에 떠나고
그리움을 알았기 때문에
머물러야 하는 삶
긴 적막보다 아름답게
가슴을 흔들고 있다

이제는 그리움을 말해줄
사람들만 남아 있다
그 이유는
고향은 아무나 머무는 곳이
아니기 때문이다.

* 성두들 : 경북 봉화군 명호면 소재 자연부락

멍석을 버리다

사랑을 담고
정을 담고
그리움을 담았던 멍석
오래도록 가족의 곁에서 함께해 왔다
옷도 해지면 꿰매어 입어야 할 때가 있으나
그렇지 못할 때가 있다

다 털지 못한 알곡 몇 알
어딘가에 남아
그리움이 되어
떠나지 못하는
사랑가처럼
가슴속에 머무르고 있다

정 많았던 사람들의
얼굴 하나하나에
이젠 붉은 단풍이 들었다
단풍이 지면
다시는 찾아오지 못하는 사람처럼
그렇게 겨울 속으로 가고 있었다.

갈대의 사연

바람이 불면
휘청거리지만
때로는 제자리로 돌아와
깊은 사색에 잠길 때가 있다

긴긴 날
무슨 말 못할 사연이 있어
아픔을 서로 부딪치며
내 잘못이 네 잘못이라 하며
고개 숙이고 있는가

산짐승을 숨겨주고
고향 떠난 철새의 보금자리였던
따뜻한 마음
우리는 그 속에서
살아가고 있다.

거미집

나무와 나무를 연결해
거미가 집을 지어놓았다
누가 집을 짓는 것을 볼까 봐
아침저녁으로 몰래 집을 지은 것 같다
숫자를 셀 수 없을 정도로 서까래를 놓고
물이 스며들지 않도록 지붕도 견고하게 해 놓았다
아침에 거미를 보면 기분이 좋다고 하던데
나는 아침마다 거미집을 보러간다
거친 사람과 소낙비가 지나갈 때
거미집을 헤칠까 봐
오밀조밀하게 집을 짓는 거미의
살아가는 모습이
가난을 헤치고 여기까지 온
우리들 모습 같아서

제 2 부

무인역에 내리다

저녁비 오는 날에는

저녁비 오는 날에는
우산을 들지 않고
고향집 주변을 걷고 싶다

어깨를 서로 기대며
흰 웃음을 잃지 않는
매화꽃의 사연을 듣고 싶고
제 모습보다 더 화려하게
보는 사람 앞에 다가서는
흰색 연분홍 무궁화꽃의
눈물 머금은 모습을 보고 싶다

저녁비 오는 날에는
멀리 떠나고 싶지 않다
내 앞에 내리는
빗소리 때문에
발자국이 씻기는 것이
안타깝기 때문이다.

눈꽃

눈이 내릴 때는
온 세상이 환하게 보인다
혼자서 창문을 열고
세상 밖을 내다볼 때
추억 저 너머에서
휘날리는 눈송이
가지마다 웃음과 눈물이 맺혀있다
살아온 날과 살아갈 날을
저마다 책장 속에 숨겨
차곡차곡 쌓여 가는데
기다림의 끝은
눈처럼 내려 좀처럼 녹지 않는다
사랑은 바람이 불면
바람 따라 멀리 가는 줄 알았는데
첫눈 오는 날 나뭇가지에 걸려
꽃을 피우고 있다.

참깨

연분홍 색깔을 띤
그대 마음씨처럼 고운 꽃

여러 날을 견디다가
껍질 속에서 쏟아져 나올 때는
멀리 갔던 사람도 돌아와
서로 얼굴을 쳐다보며
사랑하고 있다

사랑이 멀어질 때는
더 많은 깨를 심어야겠다
깨는 쌓일수록
고소한 맛이 나니까

무인역에 내리다

기차가 서지 않아
역무원이 없는 무인역에
나는 가끔씩 내리고 있다

비어 있는 공간이
차츰 넓어져
기다림은 지치고
잡초만 무성히
서럽게 손을 잡는 곳
오늘은 노란 씀바귀꽃 무리가
기차를 기다리고 있었다.

팔각산 소나무

영덕 옥계리 팔각산에 가면
고향사람 같은
등 굽은 소나무를 볼 수 있다
물 한 방울 나지 않은 바위틈에서
생명의 소리는 꺼지지 않아 마치
동해바다 일렁거리는 파도소리를 마시고
외로움을 마시면서 자라는 듯하다
우리는 한때 파도소리 들리는
바다를 그리워한 적이 있어도
메마른 정은 그리워한 적이 없다
지금도 팔각산에 가면
고향 사람을 만날 수 있다
바위틈에서 솟아오르는
생명의 따뜻한 손을 잡을 수 있다.

이명(耳鳴)

세상을 살면서
고통 하나씩 가지지 않고 살아가는 사람이 있을까
고통은 잠을 잘 때는 잊어버리지만
눈을 뜨고 아침을 맞이할 때
귀 속에서 들리는 소리
나를 깨우는 싱그러운 소리다
그 소리에 취해보면
견디기 힘든 소리 같지만
늘 나와 함께한 중심을 흐리게 하는 산만한 소리였다
산만한 소리도 이젠
들길을 함께 걷고
아침을 같이 먹는다
이명은 고통을 부르지만
고통도 그 속에 취해보면
나를 더 앞으로 나아가게 만든다.

목화

고향집 벽에
목화가 매달려
떨어지지 않고 있다

연보라색 꽃이 진 뒤에
남은 것은
살아온 과거를 한 몸에 안고
삶의 응어리 같은 고통이 뭉쳐져
흰 무명저고리 같은 그리움이 되었다

뒤를 돌아보면 세상은 한때
목화밭이었는데
저 먼 길을 가는 사람은
마른 눈물을 바닥에 떨어뜨린 채
연신 뒤를 돌아보고 있었다.

겨울옷

짚단을 풀어
어린 감나무에게
겨울옷을 입혔다
감나무는 다른 나무보다
추위에 잘 견디지 못하여
사람의 손길이 닿지 않으면
이듬해에 잎과 꽃을 달지 못한다
우리도 차디찬 길을 걷다가
마주하는 사람을 지나치지 말고
겨울옷 같은 따뜻한 말을 한 번 건네보자
그 사람은 이듬해에도 나를 기억하고
따뜻한 말을 건네올 것이다.

조금씩

정월 초하룻날 태어난 송아지를 보고
주인이 웃고 있다
송아지는 어미 소의 따뜻한 체온을
잊어버린 채 조금씩 걸음마를 배우면서
울타리가 쳐진 외양간보다
저 넓은 세상의 한 사람이 되기 위해
먼 곳으로 눈을 돌리고 있다
우리도 여기까지 올 때는
갓 태어난 송아지처럼 걸음마를 배우고
눈을 돌린 적 있어도
다른 사람보다 빨리가기 위해
뛰어가기만 한 것 같다
뛰어서 남은 것은 무엇인가
차곡차곡 쌓여있던
따뜻했던 그대 손등도 놓치고
따뜻한 말 한마디도 놓친 것 같다
이젠 조금씩
걸어야겠다.

녹슨 펌프

곧은 다리를 땅속에 묻고
나이가 들면 피부가 벗겨지는 사람처럼
세월을 이겨낸 검은 자국이
한 겹 두 겹 벗겨지고 있다
마중물을 부어줄 주인을 찾고 싶어도
삽자루 벌써 집어던지고
서울 어딘가 판자촌에서 눈물 글썽이며
고향을 잊은 지 오래인 것 같다
그래도 한 생은 질기고
바람을 막아줄 사람이 있다던데
우리는 이제까지 외롭게만 서 있었다
펌프의 손잡이를 들었다 놓았다
삐걱거리는 소리가 난다
아직 남아 있는 숨결
떠난 사람도 남아 있는 사람도
그 숨결을 자신의 과거인 양 놓쳐버리기 싫어한다
모두가 돌아설 때는
한 번쯤 뒤를 돌아보아야 하지만
펌프 손잡이는 산자의 생명같이
삐걱 소리를 낸다
긴 그리움에서 깨어난 봄처럼

사는 것은

꽃이 피는 시기를 알고
꽃망울이 달린 꽃대 주변에
먼 길을 갔다가 돌아온 산 그림자가
서성거리고 있다

동행할 사람이 없어
늘 혼자
저문 들녘에서
점심보자기를 든 채
집으로 오시던 어머니
세상 어느 고요함보다
편안하게 보자기를 풀어 놓으신다

사는 것은 때로는
흙 묻은 보자기를 풀 때
꽃대주변에 서성거리는
산 그림자처럼
고요하고 아름다울 때가 있다.

사진 속 가족

사진 속 가족은
늘 같은 자리에 서서 웃고 있다
폭염의 햇살에 찔리고
오랜 빗줄기를 맞아 휘청거리는 날이 많았는데
서로 손을 꼭 잡고 있다
20년이 지난 오늘
상처받고 돌아오는 귀갓길
가족의 정이 늦가을 낙엽처럼
흩어지지 않았는가 염려가 될 때
아내가 사진 속에서 말을 하고 있었다
당신 나처럼 젊고 흔들리지 않게 살아요
나는 바람이 불고 힘이 드는 날이 많으면
이십 년 전 가족사진을 보는
쓸쓸함이 버릇이 되었다.

상처받은 재봉틀

재봉틀 본체를 뜯어내고
다리위에 유리를 깔아
화분을 올려놓았다
힘들고 어려운 시기에
가족의 정을 엮어
따사로운 햇볕에 옷감을 말리던
어머니의 정
등 굽은 세월처럼
이곳저곳 녹이 슬어
봄이 와도 꽃이 피지 못하는
상처받은 나무와 같다
남아있는 재봉틀 다리는
제 몫을 다할까
그리움을 떠받들고
가족의 정을 떠받들던
산골마을의 오지 않는 봄처럼

희나리

아버지가 해놓은 장작을
30년이 지나서
다른 곳으로 옮겨보았다
빗물이 들어가지 않도록
몇 겹으로 비닐을 씌웠는데도
장작은 반 정도 썩고 젖어있었다
그렇다
사랑은 씌울수록
젖고 오래간다 했는데
아버지는 그것을 알고 있었을까
내 마음도 이젠
무엇으로 씌워보자
비록 빛이 들어가지 않아도
이른 봄 세상으로 나왔을 때
멀리 갔던 그리운 사람이
찾아오는 것 같다.

애기단풍

나뭇잎의 색깔은
계절에 따라 변한다 했는데
사람의 마음도 계절에 따라 변할까

계절이 변해도
그 색깔은 처음 다가서는 초심같이
붉고 아름다웠던 때가 있다

가끔씩 고향마을 산마루에 올라
생각하는 첫사랑처럼

오래된 밥상

오래된 밥상 위에는
여러 사람의 삶의 흔적이 남아있다

흔적을 물 묻은 행주로 닦으면
쉽게 나타나지 않지만
밥상 모서리에 굳어 있는
굳은살 같은 눈물자국은
닦으면 선명하게 나타난다

둥글고 매끄럽지 않았던 우리들 마음
그리움은 눈물자국이 되어
삶의 구석진 골목에서 다가온다
짧은 이랑에서
봄을 맞이하는 봄꽃처럼
서로의 얼굴을 쳐다보며
긴 이야기를 나누고 있다.

제3부

마장뜰 마을

혹한

지난겨울 혹한으로
냉해에 약한 감나무가
새순이 돋지 않고 말라죽었다
사는 것도
살아가는 것도
봄에 돋는 새순을 만지며
이런저런 안부를 묻는 것인데
이젠 안부를 물을 곳이 없다
아들을 군에 보내고 긴 고독에 빠진
어머니의 마음처럼

우수(雨水)

40년 전 쌓았던 담장이
쿨럭거렸던 세월과
연륜에 못 이겨
해동이 되자 무너지고 말았다

멀리 갔던 친구들이 한자리에 모여
부르는 애달픈 노랫소리처럼
흩어진 조각들은
그립고 가슴 아팠다

사랑이란
흩어지면 옛 모습처럼
다시 쌓을 수 없고
흩어진 자리에서
눈물을 흘릴 때가 있다.

소죽통

소는 떠나가고 없어도
소죽통이 외양간에
남아 있네
사람은 죽으면
자신이 먹던 그릇을 버리지만
소는 없어져도
좀처럼 그릇을 버리지 않는다
버려야 하고
남아 있어야 하는
시간의 두 경계
봄 햇살이 가득히 담겨있다
천리가 아닌
가까이서 그릇을 봐야 하는 아픔
이곳이 고향이다.

꽃이 피기 위해서는

꽃이 피기 위해서는
잎이 진 뒤에
찾아오는 긴 시간과
싸우다가 상처 난
자국이 있어야 한다

꽃이 피기 위해서는
추운 겨울에 흘린
눈물이 있어야 한다

꽃은
상처로 피고
눈물로 핀다.

문단역*에서

36번 구 도로를 자동차로 달릴 때
늘 한쪽으로 눈이 쏠리는 역
70년대 낡은 구멍가게
미닫이 출입문 유리처럼
봄볕에 그을려
하루에도 몇 번씩 하품을 하고 있다

누구나 간직하고 싶은
추억 하나는 잊기 싫은데
봄이면 눈물 맺혀
터질 것 같은
노란 산수유꽃 속에 숨어
생의 방향을 잃고 휘청거리고 있다

한 꺼풀 추억을 벗기면
태백 영주로 가던
옛날의 기차가 돌아올까
너무나 멀리 서 있는
시간의 그림자
이방인의 눈물처럼
서럽게 봄을 맞고 있다.

* 문단역 : 경북 봉화군 소재 영동선 무인역

희망 하나

진폐증에 걸린 사람이
희망 하나를 마루 밑에 숨겨두고
집을 비운 적이 있다
어렵게 얻은 나그네 같은 여인이
돈을 몰래 들고
집을 나갔다

내 희망을 돌려 달라며
동네방네 돌아다니며 절규를 한다
그것은 암흑 같은 석탄더미에서
살아남아 얻은 노란 꽃보다 더 고운
빛깔이 있고
가족도 없이 혼자 살아오면서 흘린
검은 눈물이었다

돈보다 귀한 것은 사랑이라 하지만
사랑을 모르는 나그네는
돈을 들고
잔설 희끗희끗한 초봄에 떠났다
봄이 그렇게 잔인한가
더러는 꽃 피고
생의 방향을 잃고 휘청거린다는데

할미꽃

한 해도 거르지 않고
주인 없는 무덤 옆에 피는 꽃

분홍, 노랑 그 화려함보다
순박한 산골처녀의 마음처럼
수줍게 피는 꽃

먼 고향의 추억을
가득 담고 눈물 맺힌
고향의 꽃

두루미 한 마리

자정이 넘어
동네 한복판 모를 심은 논에
두루미 한 마리가
먹이를 찾고 있다

모두가 잠 잘 시간에
배가 고파 울부짖는
어린 새끼를 달래기 위해
마을까지 내려 왔을까

마장뜰* 마을

산을 넘고
들을 지나도
불빛은 꺼지지 않고 있었다
불빛은 높은 산에서
내려오는 찬 공기가 서러운지
아늑함보다 흔들거리고 있었다

떠나도 남아 있는 사람은
하루를 두려워하지 않고
헌 책 속에 남아 있는
누런 그리움을 사랑하듯이
삶의 씨앗을 버리지 못한 채
어제도 그랬듯이
조그만 행복을 마당에 심고 있었다

하루에 세 번씩
세상으로 나갈 수 있는
시내버스가 온다고 했다
버스도 어쩌면
눈과 비가 많이 오는 날에는
하얀 불빛을 달고
이 마을에서 자고 갈지 모른다.

* 마장뜰 : 경북 봉화군 상운면 소재 자연부락

미루나무

외롭게 서 있어도
외로움을 밖으로 내보이지 않는다

오고 가면서
나무에게 건네는 말 한마디
투박하면서도
평화롭다 한다

부모가 떠나고
더러 친구 몇 명이 떠났지만
그 정과 아픔은
잎이 푸를 때
더 그리운 것이다.

문고리

나를 만나면
젖은 눈을 보이면서
덜그렁거릴 때가 있다

나보다 먼저 일어나
텅 빈 집을 한 바퀴 돌다가
주저앉아 가까우면서도 멀리 보이는
풍락산을 향해
기도를 하고 있다

둥근 마음도
시간이 흐르고
계절이 바뀔 때는
눈물을 흘릴까
슬펐던 일 기쁘던 일
지문 다 지워지고
냉기 가득한 집안에 서서
돌아오는 사람 기다리는
핼쑥한 얼굴이 애처롭다.

우물

무거운 시간을 흘러 보낸
우물하나 동네 한복판에 있네
높낮이를 모르던 시간의 흔들림에도
생명수처럼 끊어지지 않고 마르지 않던 우물

빗물이 떨어진 자리엔
녹슨 양철 두레박에 물이 가득하고
빨래 방망이 버린 곳엔
7월 개망초꽃 수군거리는 말소리가 들린다

다시 돌아와도 쓸모없는 만남처럼
잊혀져가는 그리움
곳집처럼 외롭게 세상 서러움
다 견디다가 이끼가 낀 채 말라가고 있다
출렁거렸던 물동이의 사연만큼
눈물이 가득하였네
어머니의 주름처럼 늙어버렸네

시계

둥글고 각진 삶 속에 묻혀서
언제나 앞만 보고 가는
묵묵한 길

때론 상처가 나고 눈물이 날 때
한 번씩 쳐다보는 그 자리엔
흔들리며 살아온 지난날이
큰 소리보다 작게
귀 속으로 다가온다

사는 것이 가난하여
제자리에서 돌고 도는 하루
주저앉고 싶을 때
너를 보고 싶다
늘 앞으로만 가는
마음이 부럽기 때문이다.

수박

7월 장맛비를 맞고
8월 뙤약볕 속에
살아난 그 인내

너는
마음이 둥글어서
한곳에 머물지 못한다

생이 다할 때
껍질만큼 단단하지 않는
붉은 속내를 보이며
여러 사람에게 다가가
더운 마음을 식혀주는
모습이 아름답다.

가끔은

보고 싶을 때
가끔은
첫 기차를 바라보며
젖은 눈물을 닦는
9월의 망초꽃이 되고 싶다

그리울 때
가끔은
여름의 끝에 서서
먼저 찾아와
소식을 전하는
하늘거리는 코스모스의
사연을 듣고 싶다.

친구

친구는
외딴집에서 세상 밖으로
흘러나오는 아늑한 불빛처럼 보인다

친구는
꽃이 잎보다 먼저 나오는
노란 향기가 묻어 있는
산수유꽃 같다

친구는
내가 쓰는 만큼
요금을 더 내야 하는 휴대폰처럼
늘 가까이서 긴 울림을 준다.

행주

식탁에 묻은 음식물 찌꺼기를
행주로 닦으니
깨끗하게 없어졌으나
얼룩이 남아있다
다 닦아도 남아 있는 얼룩은 굳어
자신을 돌아보게 한다

나는 이제까지 살아도
행주처럼 어지러운 마음을 지워 보았으나
삶의 찌꺼기를 다 지워본 적이 없다

분노가 치밀고
설움이 북받칠 때
천천히 다가와서 위로하는 말
나보다 다른 사람을 위할 때는
마른 행주보다 물기 있는 행주가 필요하다.

동행

사람은 비와 바람을 데려가지 못한다
비와 바람은 초목을 쓰러지게 하고
사람과 초목을 데려갈 때가 있다

삶은 늘 불행한 것이 아니다
산을 넘으면 아름다운 들이 있는 것처럼
행복은 불행을 동행한 힘이 있어야
행복의 가치를 알고
그곳에서 웃을 수 있다.

제4부

손바닥에 담은 물도 샐 때가 있다

마음으로 쓰는 글씨

사랑하는 사람이 아플 때
마음으로 글씨를 써 보자
무딘 손으로 쓰는 글씨보다
예리한 칼날의 글씨보다
정성이 더한
마음으로 쓰는 글씨
봄이 오는 길목에
하얗게 핀 목련화같이
자신의 눈물이 꽃 속에 스며들어서
좀처럼 색깔이 변하지 않는다.

꽃 속에 수많은 말이 숨어있다

꽃 속에 수많은 말이 숨어 있지만
좀처럼 밖으로 나오지 않고 있다
사람들은 기쁠 때도 꽃을 찾고
슬플 때도 꽃을 찾는다
꽃은 그 의미를 알고
가까이 다가서는 사람에게
더 아름다운 향기를 보여 준다.

만남

어미 새가
새끼에게 줄
양식을 찾지 못해
날개에 상처를 입고
밤이면 보금자리로 돌아오듯이

발원지에서 떠난 물이
가뭄으로 눈물 흘리는
농부를 위해 봇물이 되듯이

객지로 떠난 자식이
그곳 생활 서러워
아카시아 필 때
돌아오듯이

모성애

둥지에서 알을 품던 새가
예취기 소리에 놀라
비틀거리며 날아가고 있다

세상 밖으로 나오지 못한
새끼가 염려되어
예취기 소리가 가장 가까이 들릴 때
날아간 것이다

세상의 어머니들은
크고 작은 소리를 듣고 살아가지만
가장 가까이서 들리는 소리에
귀를 더 기울이고 있다.

손바닥에 담은 물도 샐 때가 있다

아침에 세수를 하기 위해
손바닥에 물을 담았는데
몸과 마음을 씻어줄 물은 남고
그렇지 못한 물은
새고 말았다

물은 담을수록
넘치는 습성이 있지만
제 모습을 보이기 위해
헛되게 떨어지지 않는다

앞만 보고 가다가
더 좋은 길을 놓친 것 같다
옆도 보고 뒤를 돌아보는 여유가 있었으면
내 마음에 물은 떨어지지 않았을 것이다.

안부

잎이 돋을 때 안부를 묻고
꽃이 필 때 안부를 묻고
꽃이 질 때
안부를 묻는다

안부는
시작부터 끝까지 물어야
다음 해에도 찾아온다.

선반

선반에 물건을 올려놓고
쳐다보는 날이 많았다
소중한 물건
천한 물건이
무겁다 소리를 하지 않고
아래를 내려다보고 있다
누구나
어렵고 힘이 들 때
의지할 사람을 찾지만
내 마음의 선반은 찾지 못한 것 같다
아침은 저녁을 위해 있고
봄은 결실의 가을을 위해
더 화려한 꽃을 피우고 싶어한다
선반은 결코 높지 않다
물건의 무게에 따라
쳐다보는 날이 많다.

처서(處暑)

물봉숭아 제 몸을 비비며
일어서려 하네

보랏빛 사연
오래오래 간직하고 싶은 날

한 곳에 머물지 못하는 것은
뭉게구름만이 아니다
다가오는 것에 대한 초조함
가버린 것에 대한
아득한 적막

추억이 깊으면 골이 생긴다

30년이 지나서
세월처럼 커버린
낙엽송 옛길을 걸어 보았다
떠날 때는 솔방울 굴러가듯이
바람 부는 대로 갔다가
돌아올 때는 취나물 향기처럼
봄을 안고 왔지만
그곳에는 아무도 없었다
햇빛 마주할 수 없어
그리움이 추억이 되어 버린 깊은 골
메울 수 없는 골짜기처럼
상처가 나고
지는 봄꽃처럼 아쉬움이 남았다.

달맞이꽃

노란 사연을 전하는
달맞이꽃
저녁이면
그리운 사람을 만나려
길옆으로 걸어서 나온다

만나면 울고 싶고
열흘이 지나면
더 그리운 사람

산골짝 외딴마을에 사는
어머니여

신천리 버스승강장

영주댐 수몰지역인 신천리 마을
물이 들어오기 전
마을 사람들은 떠나고
폐허가 된 마을 앞에
떠나지 못한 버스승강장이 남아있다

만남이 있을 때
이별이 있었고
웃음이 있을 때
눈물이 있었던
버스승강장 같은 우리들의 삶

떠난 뒤 뒤를 돌아본다는 것이
슬프고 가슴 아프다
제 자리에 서 있지 못하는
그리움을 안고 산을 넘는
그믐의 달빛처럼

산까치

이 나무에서
저 나무로 옮겨 다니다가
하루가 저물어 간다

사람 사는 마을로 내려와
그리움을 날개 속에 감추고
다시 어디로 가고 있을까

멀리 날아가지 못하고
우리들 주변에서 맴도는
아름다운 마음은
가족과 같다.

화본(花本)역*

그리움은 언제나 역에서 오고
보내는 사람의 아름다움은
그리움에서 오고 있다

꽃의 아름다움도
시기가 있고
계절이 있다지만
다가서는 사람에게는
더 아름답게 보인다

내 가슴에 잊혀지지 않는 그리움이 있다
그것은 지지 않는 꽃처럼
언제나 아름다운 화본역

* 화본역 : 경북 군위군 산성면 소재 중앙선 간이역

다람쥐

가끔은 흔들림이 있어도
두려워하지 않고
이곳저곳 두리번거리고 있다

우리는 빠르지도 않고
느리지도 않는 사람들 틈에 끼어
한 발짝 더 나아가기 위해
자신의 몸과 마음을
수없이 돌리고 있으나
언제나 제자리에서 머문 것이
안타깝다

이젠 여러 곳을 보며
높낮이에 맞게 뛰어야 한다
뛰다가 떨어지는 것을 염려하면
늘 한 곳에만 머물다가 지친다.

갈대

갈대는
흔들릴 때
가장 아름답다

왜냐하면
흔들리게 태어나서
흔들리면서
생을 마감하기 때문이다.

취나물

산나물 중에
가장 흔하게 나고 있는
취나물을 나는 좋아한다
긴 겨울 동안
얼어 죽지 않고
봄이면 그리움이 되어
소박한 어머니의 마음처럼
우리 곁에 찾아오는 취나물
그 무엇과도 바꿀 수 없는 향기는
잊었던 사람이 다시 돌아오는
아름다운 만남과 같다.

제5부

어머니의 농

약속은 길게 하는 것이 좋다

약속은 짧게 하는 것보다
길게 하는 것이 좋다
짧은 약속은
봄꽃처럼 빨리 피었다가
아쉽게 져버려 그리움이 있고
긴 약속은
기다리는 시간이 길어
손끝에 맺힌 눈물처럼
쉽게 잊혀지지 않는다.

나무뿌리가 아름다울 때가 있다

나무는 뿌리를 내려
땅 밑으로 깊게 내려가지만
그 중 내려가지 못한 뿌리가
땅 위로 나와 사람이 밟고 다니고 있다

밟을수록 아프다는 표현도 없이
자신의 몸 일부를 더듬는
사람들의 따뜻한 온기를
고마워하는 것 같다

누구나 자신이 밟힐 때
괴로워하며
긴 날을 방황했을 것이다
뿌리는 상처가 나도
오랜 날을 견디며
지친 사람들에게
힘이 되어주고 있다.

새

아침 일찍 사람 사는 동네에 찾아와
마음을 열게 하는 소리
우리는 그 소리를 듣고
서로 얼굴을 쳐다보면서
하루를 시작하고 있다

멀리 떠날 때도
당신의 얼굴을 쳐다보고
가까이 왔을 때도
당신의 얼굴을 쳐다보는 습관은
새의 울음소리처럼 기쁘고 슬프다

아직은 포기하지 않고
멀리 날고 싶다
지치고 괴로워도
가족을 염려하면서 날고 있는 새처럼

어머니의 농

어머니는
시집오실 때
나무로 된
작고 아담한 농을
가지고 오셨다

긴 세월 농속에
삼베옷보다
기쁨을 넣고
슬픔을 넣던
잃어버린 시간들

돌아보니
농속에는 아무것도 없는
비어 있는
그림자뿐이다.

하루의 시작

하루의 시작은
아침밥을 먹으면서
가족의 얼굴을
보는 것이다

때로는 얼굴 속에
슬픔과 눈물이 보여도
시작이라는 의미 때문에
쉽사리 말이 나오지 않는다

시작은 참으로
많은 것을
생각할 수 있어서
설레기도 한다.

등 굽은 나무

곧게 서 있는 나무는
이 마을 저 마을에서
들려오는 소문을 잘 듣고
비바람에도 잘 견디고 있으나
곧은 성격에서 오는
급한 마음 때문에
언제 부러질지 모르는 아픔을 간직하고 있다

등 굽은 나무는
자기가 태어난 곳을
내려다보면서
향수를 그리며
희망과 끈기로 버틴 지난 세월을
후회하지 않고
어머니 마음같이 온화하게
평온을 찾으려 한다.

꽃이 질 때 소리를 내지 않는다

공직생활 34년을 마무리하고
정년퇴임을 했다
친척이 보내온 퇴임 축하 화분에
연분홍 꽃이 예쁘게 피었다
기쁜 일보다 고단했던 일이 많았던
지난 시간들이
꽃 속에 숨어 있는 것 같았다
꽃은 피었다가 오래 머물지 못하였다
언젠가는 비워주고 떠나야 하는
아픔을 알았기 때문에
떠날 때는 조용히 소리 없이
떠나는 것 같다
아내는 떨어진 꽃을 보며
말을 했다
꽃도 우리와 같습니다.

비어있는 고향집

산에서 내려온
산 그림자가
빈집을 지켜주고 있다
가끔 찾아오는 집고양이도 보이지 않고
짝을 잃어 울고 있는
새소리도 들리지 않는다
가지런히 놓인 흰색 운동화
빈집을 지키다가 외로워서
오늘은 더 검게 보인다
사람 사는 마을에 사람이 떠나고
사람 사는 집에 사람이 없다고
봄은 오지 않는 것인가
긴 겨울의 문풍지에 부딪히는
봄의 소리가
떠난 당신의 눈물처럼
애달프게 들린다.

번호표

붉은 페인트를 칠해 놓은 곳에
번호표를 달아놓은
병든 소나무를 보았다

아직은 갈 길이 많아 보이는데
생을 마감해야 하는
순간이 다가오고 있다

얼마나 그리웠으면
잎이 말라갈까
얼마나 아픈 상처가 있었으면
바람이 불 때 슬피 우는 소리가 들리는가

쓰레기봉투

큰 입을 벌리며
길모퉁이에 서 있다
배가 부를 때보다
배가 고파 속이 비어 있을 때
제 모습을 보이며
이런 저런 사람들이
삶의 찌꺼기를 들고
다가오는 것을
즐거워하고 있다.

엄나무

몸에 가시가 있어
사람들은 쉽게 접근하지 못한다
사나운 가시 때문에
외롭고 차디찬 겨울을 보내면서
길모퉁이에 서 있는
모습이 애처롭다

그러나 늘 외롭지만은 않다
꽃피는 향긋한 봄에는
두려움 때문에 멀어진
사람들을 부르고 있다

새털보다 더 부드러운
새순을 보이면서
아픈 겨울을 견딘 사람들에게
부드러운 인사를 한다.

부부

사람은 혼자서도
세상을 살아갈 수 있지만
둘이서 가면
열리지 않은 문도
같이 당겨
그 속에 들어 있는
기쁨과 설움 눈물을
함께 나눌 수 있다

나무의 수명

나무는 수명이 다 되면
차츰 속이 비어
보잘 것 없는
사람처럼 보일 때가 있다

그러나
속이 빈다고
쉽게 넘어가지는 않는다
속이 빈 것을 자랑하고
자신의 운명처럼 받아들이는 것은
이제까지 남을 위해 푸르게 보이던
넉넉한 마음이 있어서 그렇다.

토마토

토마토는 붉기 전에
그 모습이
아름다워 보인다

붉으면 더 붉을 수 없고
그곳에서 그냥 서 있거나
떠나야 하기 때문이다

붉어서 떠나기보다
붉지 않고
한곳에 머무는 것이
우리 모두의 소망 같다.

거울 속의 나를 발견하다

거울은 나를 속이지 않고
바르게 살아가기를 바라는 삶의 표본이다
슬픈 일 놀라운 일 당황한 일이 닥쳤을 때
내 표정이 어떤가 잠시 거울을 본다
그때 거울 속의 나는
나를 잠시 떠나려 하지만
거울이 나를 위해 달래는 것을 볼 때
아직은 포기할 때가 아니라는 것을 알았다
걷히는 안개처럼
섣불리 포기하려 할 때
거울 속의 나를 한 번 더 보고 싶다.

빈집의 눈물

빈집은 언제나 누가 올까 봐 기다리고 있다
기다리는 사람은 집주인과
계절이 변할 때마다
피어나는 꽃의 웃음을 기다린다

하루가 갈 때마다
쌓여가는 거미줄 같은 그리움
집을 몇 채 지을 만큼
서까래가 촘촘하다

그냥 기다리지 말고
하얀 종잇장처럼
잊혀지면 안 될까
눈물이 또 흐른다.

바람에게

어디에 가고 싶어도
바람이 너무 심하게 불어
가지 못할 때가 있다

바람은 왜 부는 것일까
누구를 만나기 위해
아침부터 저녁까지 불다가
사라지는가

나도 바람처럼 살았으면 좋겠다
이곳저곳 들려 만나지 못하는
사람을 만나고
붙이지 못하는 편지를
바람이 대신 전해주기 때문이다.

대상을 바라보는 따뜻한 시선

권서각(시인 · 문학박사)

시를 수용미학의 관점에서 거칠게 나눈다면 생각하게 하는 시, 감동하게 하는 시, 공감하게 하는 시 등으로 나눌 수 있다. 곽대근 시인의 시는 공감하게 하는 시로 분류할 수 있을 것이다. 시집에 수록된 80여 편의 시의 소재는 농촌사회를 배경으로 한 체험과 생활주변에서 시인의 눈에 포착된 사물들이다. 그러므로 해독에 부담이 없이 수필을 읽듯 편하게 읽힌다는 특징이 있다. 편하게 읽힌다는 것은 복잡한 시적 장치가 없는 정공법으로 기술된 시라는 특성과 대상을 바라보는 시인의 따뜻한 시선에 그 연유를 찾을 수 있을 것이다.

그의 약력에서 보는 바와 같이 시인은 오랜 세월 경찰에 몸담은 이력이 있다. 흔히 경찰은 법을 집행하는 일을 하기에 메마른 심성을 지녔을 것이라는 선입견을 가지기 쉽다. 그것은 일제강점기에 형성된 경찰에 대한 왜곡된 선입견이 잔존해 있기 때문일 것이다. 민주사회의 경찰은 '민중의 지팡이'로 시민들을 보살피고 도와주는 고마운 존재다. 영국에서는 아이들이 가장 반가워하고 따르는 사람이 경찰이며 아이들이 선호하는 직업도 경찰이라고 한다. 곽대근 시인의 경찰이라는 이력은 오히려 그의 시를 풍요롭게 하는 요소로 작동되었으리라 유추해 볼 수 있다.

이번 시인의 제3시집에 수록된 시편들에 가장 빈번하게 등장하는 시어는 농촌사회의 풍물과 생활도구, 어머니, 그리움, 눈물 등이다. 대개의 시편들이 세월이라는 시계 너머로 보이는 옛 고향마을의 이미지가 주를 이루고 있다. 지나간 것은 그리워지리 라는 푸시킨의 시행처럼 과거의 고향마을의 풍경은 당연히 아름다우며 그리움의 대상이다. 오랜 세월 수련된 시인의 문장을 통해서 만나는 농촌마을의 정경은 눈물겹도록 따뜻하다.

시가 읽히지 않는 시대다. 그렇지만 곽대근 시인의 시는 누구나 쉽게 읽을 수 있고 쉽게 공감할 수 있는 시이기에 독자들에게 친절하게 다가간다. 자본주의 사회는 바쁘게 경쟁하지 않으면 경쟁에서 뒤떨어지기 쉬운 구조다. 그리하여 누구나 생산적인 일에만 몰두하느라 자신을 돌아볼 마음의 여유를 가지기 어렵다. 그럼에도 불구하고 생산 활동과 거리가 먼 시는 항상 존재하며 끊임없이 창작된다. 앞으로도 시의 창작은 멈추지 않을 전망이다. 그것은 인간이 호모 루덴스(Homo Ludens) 즉 유희적 인간이기 때문일 것이다. 모두 바쁘게 경쟁하느라 생산적인 일에만 몰두할 때 시인은 생산적이지 않은 일에 몰두한다. 생산적인 일에만 매달리다 보면 자칫 인간성을 상실하기 쉽다. 그러나 시인은 생산적이지 않은 일을 함으로써 스스로를 돌아보고 인간적인 삶을 지켜낼 수 있다. 곽 시인의 시편들은 우리가 인간임을 잊고 있을 때 인간성을 회복시켜주는 각성제로서의 기능을 충실하게 수행한다.

겨울 국화 옆에서 어머니는
손두부를 만드는 것을 좋아했다
텃밭에서 수확한 콩을 갈아
까만 그리움이 가득한 가마솥에 넣고
마른 콩깍지에 불을 붙여
한 해의 서러움을 태우신다
타닥타닥 그 소리
겨울이 잠에서 깨어나고
동구 밖에 모여 있던
노란 국화 속에서
한 소절 고향 노래가 들린다.

—「손두부」

우리나라 사람은 누구나 길을 가다가 '어머니'라는 말만 들어도 눈물을 흘리곤 한다. 우리의 어머니는 어느 나라 어머니보다 자식에게 헌신적이고 희생적이기 때문일 것이다. 서양의 양육은 대개 아기용 침대에서 이루어지지만 우리의 어머니는 자식을 안고 업고 기른다. 태어나자마자 어머니의 체온으로 자라기에 어머니에 대한 그리움은 더욱 절실할 것이다. 시인의 시선은 과거의 고향집에서 두부 만드시는 어머니에 닿아 있다. 현재의 어머니가 아니라 과거의 어머니이기에 더욱 절실하고 그립다. 이 이미지를 떠올리는 시인의 눈은 물안개 같은 눈물로 흘려졌을 것이다.

시의 화자가 호출한 어머니는 전 시대 우리 농촌마을에서 쉽사리 만날 수 있는 우리의 전형적인 어머니 상이다. 거기에 화자의 개별적 체험이 더해진다. 우리들의 기억은 늘 서사적이지 않고 빛바랜 사진처럼 단편적이다. 사진 속의 어머니는 두부를 만드시고 아궁이에 지피는 연료는 콩깍지다. 콩깍지 타는 청각적 이미지는 다정하고 친근하다. 화자는 그런 기억 속의 어머니의 사진을 눈물어린 눈으로 추억하고 있다.

아픔을 지고
슬픔을 지고
그리움을 지던
빈 지게가
고향집 처마 밑에
홀로 서 있네

등받이도 없고
끈마저 낡아
가을이 떠난
텅 빈 들녘을 걸어가는
아버지 어머니의
지난 삶을 한 짐 지며
집으로 돌아오는 것 같다

빈 채로 남아 있다는 것이
얼마나 슬프고
기다림이 묻어 있는가

지나가던 새도 아침엔
가끔씩 지게 위에 앉았다 간다.

—「빈 지게」

지게는 우리 농경사회를 이야기할 때 빼놓을 수 없는 도구다. 무거운 물건을 나를 때 남자는 등에 짐을 지고 여자는 머리에 짐을 인다. 피난이나 이사를 갈 때 무거운 짐을 이고 지고 간다고 남부여대(男負女戴)라는 말이 빈번하게 쓰이기도 했다. 지금은 지게가 하던 일을 경운기나 지게차가 대신하지만 지게는 수천 년 동안 우리 남자들 등을 떠난 적이 없었다.

지게는 도구의 힘보다 사람의 힘에 더 많이 의존하는 도구다. 지게의 수고로움보다 사람의 수고로움을 더 많이 요구한다. 그래서 농사꾼에게 지게는 고맙기도 하고 원망스럽기도 한 존재다. 지난 날 우리의 아버지들은 상급학교에 가지 못한 아들에게 크기가 작은 지게를 만들어 등에 지게 하여 산으로 보내곤 했다. 그 아버지의 심정도 함께 담겨 있는 것이 지게다. 지게는 그렇게 농사꾼과 한 몸이 되어 우리의 농경사회와 역사를 함께했다.

사회 변동에 따라 농촌엔 일할 농사꾼이 사라지고 빈집이 늘어나고 지게도 사명을 다한 채 낡은 모습으로 처마 밑에 서 있다. 사람과 한 몸으로 살아왔던 지게가 용도 폐기되어 빈 지게인 채 남아 있는 모습을 시인은 연민과 회한의 눈길로 바라보고 있다. 지게는 이제 지나가던 새가 잠시 앉았다 가는 용도로밖에 쓰이지 않는다. 시인은 다시 오지 못할 오순도순 살던 농촌 공동체에 대한 그리움의 눈길로 빈 지게를 바라보고 있다.

사랑을 담고
정을 담고
그리움을 담았던 멍석
오래도록 가족의 곁에서 함께해 왔다
옷도 해지면 꿰매어 입어야 할 때가 있으나
그렇지 못할 때가 있다

―「멍석을 버리다」, 부분

지게와 마찬가지로 멍석도 지금은 사라진 농촌마을의 생활도구였다. 마당에 펴고 곡식을 말리기도 하고 낟알을 털 때 마당에 펴고 사용하기도 했다. 멍석이 다른 농촌의 도구들보다 더 친근하게 느껴지는 것은 여름밤 마당에 펴고 식구들이 둘러앉아 밥을 먹기도 하고, 누워서 밤하늘의 별을 보기도 했던 추억 때문일 것이다.

대가족 시대에 가족을 따뜻한 가족애로 묶어주었던 매개체가 멍석이었기에 멍석에 대한 시인의 정서는 남다를 것이다. 그래서 '사랑을 담고 정을 담고 그리움을 담았던 멍석'이라고 멍석에 담긴 정서를 호출한 것이다. 지금은 낡았을 뿐만 아니라 용도조차 사라진 것이기에 그리움은 더욱 절실해 지는 것이다.

꽃이 피는 시기를 알고
꽃망울이 달린 꽃대 주변에
먼 길을 갔다가 돌아온 산 그림자가
서성거리고 있다

동행할 사람이 없어

늘 혼자
저문 들녘에서
점심보자기를 든 채
집으로 오시던 어머니
세상 어느 고요함보다
편안하게 보자기를 풀어 놓으신다

사는 것은 때로는
흙 묻은 보자기를 풀 때
꽃대주변에 서성거리는
산 그림자처럼
고요하고 아름다울 때가 있다.

—「사는 것은」

이 시집의 시편들 가운데 시의 완성도가 가장 높은 작품이라고 할 수 있다. 가장 아름다운 옷은 바늘 자국이 보이지 않는 하늘 옷 즉, 천의무봉(天衣無縫)이라 했던가. '사는 것은'이라는 제목도 본문과 연결되어 시상의 흐름이 자연스럽다. 그것은 오랜 세월 시와 마주했던 시인의 공력이 자연의 아름다움과 만나서 빚어진 결과물이기 때문일 것이다.

이 시에는 꽃이 피는 시기를 알아서 꽃이 핀 꽃대 주변을 서성이는 산 그림자의 이미지와 들에 일하러 갔다가 돌아와서 점심보자기를 푸시는 어머니의 이미지, 이 두 개의 이미지가 병렬로 배치되어 있다. 앞의 것은 자연의 이미지고 뒤의 것은 어머니의 이미지다. 꽃대 주변을 서성이는 산 그림자의 이미지와 풀어지는 보자기의 이미지는 고요하고 평화로움이라는 공통분모를 지닌다. 삶을 이토록 평화로운 이미지로 표현할 수 있다는 것은 삶에 대한 시인의 인식의 깊이를 말해준다고 할 수 있을 것이다.

> 잎이 돋을 때 안부를 묻고
> 꽃이 필 때 안부를 묻고
> 꽃이 질 때
> 안부를 묻는다
>
> 안부는
> 시작부터 끝까지 물어야
> 다음 해에도 찾아온다.
>
> —「안부」

안부를 묻는 것을 문안이라 한다. 문안은 어쩌면 일상에서 우리가 지켜야 하는 예절의 하나로 볼 수 있다. 안녕하신가, 평안하신가를 묻는 행위는 예절로서의 인사일 수 있지만 시인의 안부는 진실로 상대가 염려되어 묻는 말이다. 문안의 대상이 나무인지 또 다른 대상인지는 시에서 분명히 드러나지 않는다. 그것은 나무일 수도 있고 화자의 지인일 수도 있다는 이야기다. 시인이 잎이 돋을 때 안부를 묻고 꽃이 필 때도 안부를 묻고 꽃이 질 때도 안부를 묻는 것은 다음해에 대상이 다시 찾아오기를 기다리는 마음에서다. 누군가가 다시 찾아오기를 기다리는 마음은 대상에 대한 따뜻한 사랑이 있기 때문일 것이다.

오래된 밥상 위에는
여러 사람의 삶의 흔적이 남아있다

흔적을 물 묻은 행주로 닦으면
쉽게 나타나지 않지만
밥상 모서리에 굳어 있는
굳은살 같은 눈물자국은
닦으면 선명하게 나타난다

둥글고 매끄럽지 않았던 우리들 마음
그리움은 눈물자국이 되어
삶의 구석진 골목에서 다가온다
짧은 이랑에서
봄을 맞이하는 봄꽃처럼
서로의 얼굴을 쳐다보며
긴 이야기를 나누고 있다.

—「오래된 밥상」

밥을 함께 먹는 사람들을 식구라 한다. 대가족제도 시대에는 같은 집에 사는 식구의 수가 열이 넘기도 했다. 집안 어른은 독상을 차려드리지만 나머지 식구들은 둥그런 밥상에 함께 밥을 먹는다. 밥상머리 교육이라는 것이 있어 어른은 아이를 훈계하기도 하고 그날 있었던 이야기를 나누기도 하고 가정사의 대부분은 밥상에 둘러앉아 밥을 먹으며 이루어진다.

화자는 오래 전에 쓰던 오래된 밥상에서 지난 날 한 가족의 가정사를 읽고 있다. 오래된 밥상에는 지워지지 않는 한 가정의 슬픔과 기쁨 그리고 식구들 간의 갈등과 눈물까지 남아 있다. 사람이 산다는 것은 자기의 성취를 위해 사는 것으로 보이지만 자기의 성취는 자기 자신의 능력만으로 이루어지는 것이 아니다. 사람이 산다는 것은 사람과 사람 사이의 관계 속에서 이루어지는 의미의 연속이라 할 수 있다. 사람과 사람 사이의 관계 속에서 비로소 삶의 의미를 찾을 수 있다. 시인은 오래된 밥상을 매개로 지금은 거의 찾아볼 수 없는 대가족 문화의 추억을 소환하여 따뜻한 눈길로 바라보고 있다.

친구는
외딴집에서 세상 밖으로
흘러나오는 아늑한 불빛처럼 보인다

친구는
꽃이 잎보다 먼저 나오는
노란 향기가 묻어 있는
산수유꽃 같다

친구는
내가 쓰는 만큼
요금을 더 내야 하는 휴대폰처럼
늘 가까이서 긴 울림을 준다.

—「친구」

사회활동을 마치고 은퇴한 분들에게 가장 큰일이 친구를 만나는 일이다. 은퇴한 분에게 가장 소중한 자산이 친구라는 말이 있기도 하다. 친구는 의도적으로 만들어지는 것이 아니라 그의 지난날의 삶이 어떠했는가에 따라 결정되기도 한다. 사람은 누구나 혼자서는 살 수 없는 존재다. 알게 모르게 타자와 관계를 맺으며 살아가기 마련이다. 그 가운데 타자와 좋은 관계를 많이 맺을수록 좋은 친구의 수효가 늘어나기 마련이다.

시인은 친구를 외딴 집의 불빛, 잎보다 꽃이 먼저 피는 산수유꽃, 가까이서 울림을 주는 휴대폰에 비유하고 있다. 이 셋의 공통점은 만나서 반가운 존재라는 것이다. 일방적으로 주기만 하는 사랑은 신의 사랑밖에 없다. 내가 친구를 그리워하고 고마운 존재로 여길 때 친구도 나에게 고마운 존재로 다가오는 것이다. 시인에게 타자를 대하는 따뜻한 심성이 있기에 친구도 반갑고 고마운 존재로 다가오는 것은 아닐까. 그런 맥락에서 시인은 누구보다 풍요로운 자산을 가졌다 할 것이다.

공직생활 34년을 마무리하고
정년퇴임을 했다
친척이 보내온 퇴임 축하 화분에
연분홍 꽃이 예쁘게 피었다
기쁜 일보다 고단했던 일이 많았던
지난 시간들이
꽃 속에 숨어 있는 것 같았다
꽃은 피었다가 오래 머물지 못하였다
언젠가는 비워주고 떠나야 하는
아픔을 알았기 때문에
떠날 때는 조용히 소리 없이
떠나는 것 같다

아내는 떨어진 꽃을 보며
말을 했다
꽃도 우리와 같습니다.

—「꽃이 질 때 소리를 내지 않는다」

공직생활 퇴임의 소회를 꽃이 지는 것에 비유한 시편이다. 사람의 생애도 꽃이 피었다 지는 자연의 섭리와 유사한은 점이 있다. 가장 인간답게 산다는 것은 자연의 섭리에 순응하는 것과 다르지 않다는 이치를 지는 꽃잎에서 발견한다. 사람의 생에서 가장 화려한 시기는 사회생활을 가장 왕성하게 하는 시기라 할 수 있다. 식물에게 있어서 가장 화려한 시기는 꽃이 피었을 때라 할 수 있다.

꽃이 일정 시기가 지나면 지듯이 사람의 사회활동도 일정 시기가 지나면 끝나게 마련이다. 사회활동을 끝내고 은퇴를 함에 있어서 미련과 아쉬움으로 머뭇거리는 것은 대개의 사람들의 보편적 심리현상이다. 그러나 시인은 꽃잎이 미련 없이 지는 것에서 소리 없이 떠나는 법을 순리로 여기고 받아들인다. 그것이 자연의 일부인 사람으로서 자연의 섭리에 순응하는 길임을 알기 때문이다. 이런 시인의 인식에서 보다 성숙한 사람의 깊이를 발견하게 된다.

사람은 혼자서도
세상을 살아갈 수 있지만
둘이서 가면
열리지 않은 문도

같이 당겨
그 속에 들어 있는
기쁨과 설움 눈물을
함께 나눌 수 있다

—「부부」

사람은 원초적으로 혼자서는 살 수 없는 존재다. 우리는 알게 모르게 타자와 관계를 맺고 타자에 도움을 주기도 하고 도움을 받기도 한다. 그런 연유로 사람을 사회적 동물이라 한다. 한 사람이 다른 사람들과 맺는 관계를 선으로 그으면 우리가 미처 헤아릴 수 없이 많은 선을 이룬다. 그 가운데서 부부 관계는 매우 특별한 의미를 지닌다.

부부는 핏줄로 맺어진 관계가 아니라 혼인서약이라는 계약으로 맺어진 관계다. 핏줄도 다르고 태어나서 성장한 환경도 서로 다르다. 그러면서도 평생을 함께해야 하는 매우 특수한 관계다. 부부관계는 가장 미더운 관계이면서도 자칫 잘못하면 남보다 못한 관계가 될 수 있다. 부부관계를 지속하기 위해서는 서로가 서로에 대한 사랑과 믿음이 없이는 불가능하다. 시인은 부부관계를 서로의 부족한 부분을 채워서 완전한 하나가 되는 것으로 파악하고 있다. 그 단서는 혼자서는 열 수 없는 문도 둘이면 열 수 있다는 인식에서 찾을 수 있다. 이런 인식의 바탕 위에 선 부부는 어떤 어려움도 극복하리라는 신뢰를 갖게 한다.

필자가 무작위로 고른 몇 편의 시를 통해 살펴본 바와 같이 곽 시인의 시는 친근하고 긍정적 이미지로 가득하다. 사회비판이나 거대담론이 없는, 시인의 주변에서 만나는 친근한 사물들을 통해 삶의 의미를 포착하는 시편들로 이루어져 있다. 새로운 기법을 실험하는 전위적인 시도 아니고 사회 부조리를 비판하는 참여시도 아니고 극강의 미학을 추구하는 유미주의 시도 아니다. 굳이 분류하자면 생활시에 가깝다 할 수 있을 것이다. 시인의 주변에서 만나는 소재들에서 시적 의미와 삶의 깨달음을 발견하는 순수하고 소박한 시라 할 수 있을 것이다.

그 가운데 가장 두드러진 특성을 들라면 세계 혹은 대상을 바라보는 시인의 따뜻한 시선이라고 할 수 있을 것이다. 시인의 눈길이 가장 많이 닿아 있는 곳은 유년시절을 보낸 농촌마을이라는 과거지향적인 것과 현재 생활 주변에서 만나는 사소한 사물들이다. 시인은 시선에 포착된 사물들을 그지없이 따뜻한 시선으로 응시하며 시의 밭을 일군 것이다. 그의 시가 널리 읽혀 사회를 따뜻하게 했으면 하는 바람이다. 시집 상재를 축하하며 필자의 글이 이 시집에 누가 되지 않기를 빌 따름이다.

문학세계대표작가선 963

꽃이 필 때 안부를 묻는다

곽대근 제3시집

인쇄 1판 1쇄 2022년 3월 15일
발행 1판 1쇄 2022년 3월 22일

지 은 이 : 곽대근
펴 낸 이 : 김천우
펴 낸 곳 : 도서출판 천우
등 록 : 1992. 2. 15. 제1-1307호
주 소 : 서울시 성동구 무학봉28길 6 금용빌딩 2F
전 화 : 02)2298-7661
팩 스 : 02)2298-7665
http://moonhak.wla.or.kr
E-mail : chunwo@hanmail.net

값 12,000원

ISBN 978-89-7954-864-8